민초들의 숨결

미래시선 151
민초들의 숨결

· 지은이 | 조봉제
· 펴낸이 | 임종대
· 펴낸곳 | 미래문화사

· 찍은 날 | 2010년 10월 3일
· 펴낸 날 | 2010년 10월 9일

· 등록 번호 | 제3-44호
· 등록 일자 | 1976년 10월 19일
· 주소 | 서울시 용산구 효창동 5-421
· 전화 | 715-4507 / 713-6647
· 팩스 | 713-4805
· E-mail | mirae715@hanmail.net
· 홈페이지 | www.miraepub.co.kr
 ⓒ 2010, 미래문화사
· ISBN | 978-89-7299-386-5 03810

* 잘못 만들어진 책은 본사나 서점에서 바꾸어 드립니다.
* 지자와의 협의하에 인지는 생략합니다.

민초들의 숨결

심원 조봉제 시집

시인의 말

아프리카의 말 가운데 '우분투Ubuntu'라는 말이 있습니다.
'우리를 가져다 나를 만든다.'는 뜻입니다(We=I).
삶에서 나는 인간과 대자연과 나와의 거리를 없애려 노력합니다. 자연을 가져다 나를 만들고, 인간과 자연의 지혜를 가져다 나를 키우는 로맨티스트입니다.
대자연에서 보면 인간이 가장 어리석어 보입니다. 그것은 인간이 무지함과 이기주의적 욕망 때문에 신성을 잃어가고 있기 때문이 아닌가 생각합니다.
대자연은 신비로 가득 차 있습니다. 존재의 방식이나 환경 변화에 적응해 나가는 자기 변신술이 이를 증명해 줍니다. 그래서 나의 삶도 물처럼 바람처럼, 물빛처럼 하늘빛처럼 원초적 신비의 자연에 의지하고, 자연과 하나가 되어 허용하고자 합니다. 또한 만물의 영장으로서 사랑의 깊이를 더해 신성을 얻어 나가고자 함이 하얀 시간 속을 사는 나의 시심이며, 나의 인생이기도 합니다.
시집 《하얀 시간》 이후 6년 만에 출판하는 《민초들의 숨결》이 게으름으로 인한 나의 부끄러움을 많이 가려 주었으면 합니다. 부지런히 시 공부를 더 열심히 해서 독자와 이웃에게 겸허히 다가가려 합니다.
염려와 사랑을 주시는 분들께 깊이 감사 드립니다.

2010. 10. 3.
심원 조봉제

축하의 말

심원의 시집 《민초들의 숨결》 발간을 축하하며

심원心園 조봉제 시인은 어린 시절 경남 함안 산천의 정기精氣를 받아 성장하였다. 경상대학 농대에서 농학도의 꿈을 키우며 자연을 사랑하고 그의 독실한 신앙심은 심화深化되고, 자기희생의 의미를 깨닫게 된다. 이러한 환경은 오늘 한 사람의 시인으로 군계일학群鷄一鶴이 되게 했다.

2004년 8월 《하얀 시간》의 시집을 상재上梓한 후 6년이 지난 2010년 《민초들의 숨결》 시집이 다시 빛을 보게 되었다. 그의 집념과 인내에 진심으로 축하를 드린다.

시집을 내는 일이 결코 쉬운 것이 아니다. 눈물과 땀, 그리고 피, 영혼까지 투자하고 마지막 자신과의 싸움에서 승리하지 않고는 안 된다. 그러기 위해 자강불식自强不息을 계속 해야만 했다. 살과 뼈를 깎는 각고의 아픔도 참아야 하고, 산모의 진통 이상도 감수해야 한다. 그렇지 않고는 시집과 시인은 탄생되기 어렵다. 그러므로 이 세상에서 가장 존경받는 인물은 시인이다.

시는 누구나 쓰지 못한다. 영감靈感과 타고난 시성이 있어야 된다. 또한 천지신명의 점지가 없이는 시인이 되기는 불가능하다. 나는 심원의 시 〈마음의 정성〉을 애송愛誦한다.

감동과 은혜를 받는다. 그의 시는 머리로 쓰지 않고 가슴으로 쓴 육편이다. 이성理性의 시가 아닌 신성神性의 시이기에 흥분한다. 그는 순수한 자유인이며, 지족상락知足常樂의 낙천주의자이다. 바람과 풀, 산과 꽃을 벗하는 자연주의자이다. 그러므로 심원의 시는 풍류風流의 시, 율려律呂의 시라 해도 빗나가지 않는다.

　세상에 완벽이란 없다. 그는 보다 더 완벽한 시를 쓰기 위해 성속聖俗을 왕래하며 자득自得의 정진精進을 하고 있다. 이것이 심원만이 갖는 시정신詩精神이다. 그러기에 강퍅한 세상에서 높이 평가받을 수 있는 예술적인 시로 고양高揚된다.

　그의 시를 읽노라면 시가 살아 숨 쉬고, 노래하고 춤춘다. 그의 시에 오만이나 자기도취는 없다. 사랑과 겸손, 자기희생으로 '저 낮은 곳을 향하여'가 기본이다. 그러므로 심원의 시는 민초들의 영혼을 춤추게 하고 절망에서 희망을 주는 회생回生의 시이다.

　〈바람의 자녀들〉의 시는 부끄러움이나 감추는 비밀이 없다. 순백純白의 피안이며, 세속을 탈출하여 니르바나에 접근

한다. 허물과 모자람, 숨기고 가려진 것이 송두리째 사라지고 '사랑과 진실'만이 남아 있다. 진심으로 축하의 박수를 아끼고 싶지 않다.

  심원도 언젠가는 역사의 신 앞에 설 때가 올 것이다. 그 때 "너는 무엇을 했느냐?"고 물으면, "《민초들의 숨결》과 《하얀 시간》의 시집을 썼습니다."라고 자신 있게 대답하는 심원은 진실로 가장 행복한 시인이 될 것이다.

  시작詩作의 의지意志 멈춤 없이 지속하고, 이 세상에서 가장 행복한 시, 천년을 애송해도 더 노래하고 싶은 시를 민초들을 위하여 써 주기를 부탁하며 천운天運을 빈다.

2010년 10월
선문대 명예교수 정치학박사 김관해

차례

시인의 말 · 5
축하의 말 · 6

1 · 양재천 걷는 사람들

17 · 침묵의 의미
18 · 민초들의 숨결
20 · 양재천 걷는 사람들
22 · 바람의 자녀들
24 · 깊고 가벼운 호흡
26 · 수행
27 · 자기 진실
28 · 바람 응답
30 · 길 이야기
31 · 자연 선택의 길
32 · 길 위에서
34 · 그대의 손길에서
36 · 가슴속 강물
38 · 어제 오늘 그리고 내일
39 · 진실한 대답
40 · 농부農夫
41 · 빈손도 모으니
42 · 사랑이 뭐냐고 물어 오면
44 · 물길
45 · 바람 문답
46 · 바람의 생각

물빛처럼 하늘빛처럼 · 2

진달래꽃 · 49
물빛처럼 하늘빛처럼 · 50
물처럼 바람처럼 · 52
신록이여, 오월의 신부여 · 54
오월 춤사위들 · 57
봄 파종하소서 · 58
백목련 피던 밤 · 60
심원의 봄 · 62
백목련 놀란 가슴 · 63
봄날은 간다 · 64
소담채 · 65
물선녀 · 66
강가의 나무들 · 67
자귀나무 꽃 · 68
그대 곁에만 서면 · 69
호수의 밤 · 70
반짝이는 청계천淸溪川 · 72
푸른 가난 · 74

3 · 들꽃 피는 언덕에 서면

79 · 가을 물빛
80 · 들꽃 피는 언덕에 서면
82 · 가을아, 너 어디로 가려 하느냐
84 · 초가을 오후
85 · 늦가을 망초꽃
86 · 억새밭에서
87 · 가을 동행
88 · 울음도 노래도
89 · 그리움 하나
90 · 당신은 누구시길래
92 · 삼척 철길
93 · 반지하半地下
94 · 그림자의 손길
95 · 속을 비운 사람들
96 · 천학도의 꿈
98 · 단청학丹靑鶴
100 · 사랑의 보금자리
102 · 말이 없는 자는
103 · 그리움의 노래
104 · 나의 눈물은

비에 젖는 첼로 선율 · 4

비에 젖는 첼로 선율 · 109
선교 멜로디 · 110
어떤 시장기 · 111
참새 가족 · 112
큰 숨 · 114
아시아의 하늘 밑 · 115
지팡이 · 116
레츠고 호키스! · 117
흰 고양이 울음 · 118
황제펭귄Emperor Penguin · 119
김밥 천은 · 120
면도面刀질 · 121
선인장 · 122
퍼스널 타임 · 123
갈대들의 포옹 · 124
돈의 철학 · 125

5 · 북한산 산비둘기

129 · 북한산 산비둘기
130 · 북한산의 어느 하루
132 · 애기똥풀들의 항변
134 · 서울 황혼은
135 · 눈사람
136 · 자화상
137 · 회상
138 · 용서容恕
139 · 겨울 산
140 · 칠석七夕
142 · 연화蓮花
143 · 덕수궁 비둘기
144 · 범종凡鐘 소리
145 · 반달
146 · 오봉산에 올라
147 · 황룡 등천하옵소서

151 · 작품 해설

달빛 받으며 별빛도 받으며
가로등 불빛도 받으며
양재천 밤길 걷는 사람들은
여기가 은하수 물길인가
저기가 양재천 물길인가

1

양재천 걷는 사람들

침묵의 의미

그대가 내 곁에 조용히 말이 없었을 때
내 가슴이 가장 크게 뛰었습니다
그대와의 대화 앞의 아침 햇살 같은 침묵은
늘 나를 배려하고 생각하는 외침이었습니다

그대와의 대화 뒤의 저녁 어스름 같은 침묵은
이해를 기다리는 속삭임이라고 할까요?

그리고
대화 도중의 침묵은
내 가슴에 집중의 화살로 꽂혔으며
그대의 새하얀 긴 침묵은
그대의 듣는 힘이요 깊은 숙고의 샘이었습니다

일상에서 잔말은 변명으로 들려 왔으며
대화는 소통을 위한 낮은 진실의 시작이었습니다

큰 진실은
따뜻한 사랑의 강물
베풀고 나누는 염려의 침묵이었으며
넘지 못하는 장벽 없는 진한 눈물이었습니다.

민초들의 숨결

초봄에 돋는 풀잎 하나 잎새 하나
옹달샘에 솟는 물 한 모금
흙, 바람, 햇빛으로 빚은 한 톨 곡식들
모두가 순한 목숨들입니다

이들의 복은 풍우風雨가 알 뿐
신우대 솟아 울을 둘러 주면
열린 쪽이 사립문입니다

들찔레 새순처럼 연한 목숨이라도
눈비 이겨내는 풋풋한 야성
이성은 순수하여 창공처럼 푸르고
불의의 총칼 앞에서는 들불로 일어설 줄 압니다

눈 감아 보면
조국의 산야
그대들 피 얼룩지지 않는 곳 없지만
두려워하지 않는 것은 맨발 맨주먹의 힘
나의 욕망을 위해서는 절대 일어나지 않았습니다

짓밟히고 뜯겨도
인내하며 의지하며 살아가는

황무지의 후끈한
숨결입니다.

양재천 걷는 사람들

심원心園
오늘은 주말 금요일
밤마다 양재천 갈대숲 길 걷는 사람들은
색소폰 음악 소리와 함께
은하수에 오를 준비를 하나 봅니다

심원心園
관악 우면 청계산 계곡물이
나노스커트 입고 손잡고 흐르고 있어요
타워팰리스 옆 영동3교를 지날 때면
야외 여름밤 음악 축제는
물길을 하늘 은하수로 잇는
곡괭이질로 바쁘답니다

심원心園
사람들은 합창하며 손뼉 치며
색소폰 멜로디 타고 은하수로 흘러들고
별들은 우루루 양재천에 풍덩풍덩 내려앉네요
음악과 함께 여름밤은 깊어만 가고
어린 별들은 버들피리 손에 쥔 채
가로등 꺼 달라고 칭얼대며
잠을 청하고 있습니다

심원心園

달빛 받으며 별빛도 받으며
가로등 불빛도 받으며
양재천 밤길 걷는 사람들은
여기가 은하수 물길인가
저기가 양재천 물길인가
늘상 물길 갈대숲 꿈속 길을
걷고 또 걷고 있습니다.

바람의 자녀들

심원
양재천 물길 따라 갈대숲 길 걷다가
바람이 살랑살랑 꼬리 치면
나는 바람과 갈대숲에서 종종 섹스를 합니다

심원
잉태 소식이 있으면 더욱 고독해져
물가에 앉아 잉어 춤 살피다가
물소리 조산원에서 바람 닮은
바람 시를 낳기도 합니다

심원
자녀들은 제 부모 닮아
바람과 갈대 이미지
인물이 뭐 인물이라 할 수 있어야지
울음도 바람 소리 웃음도 바람 소리

심원
어느 날은 어미 따라가라고
바람 부는 강둑에 홀로 두기도 했는데
바람 맞아 시익 웃는 모습만은
정말 사랑스럽기도 해서

철없는 그를 그냥 버릴 수 없었습니다.

깊고 가벼운 호흡

심원
숲 속 생태계에서
나는 순수한 한 마리 짐승일 때
가장 넉넉한 생활과 지혜를 얻었고
가장 편히 의지할 수 있었습니다

심원
비 바람 햇빛이
땅의 태반胎盤 위에 내릴 때
생명들은 순환질서循環秩序를 배우며
신비의 세계를 열어 가고 있었습니다

심원
이 굴레에서는
사람보다 어리석은 존재는 하나도 없어 보였습니다
적이라도 적과 더불어 허용하며 공생共生하며
환경의 변화에 조화로운 공진화共進化를 이어가고 있었습니다

심원
성스럽고 신비한 숲의 정령에
크게 의지하며 자존할 때

내 호흡은 깊어지고 가벼워지면서
내 영혼은 맑고 순수해지고
차츰차츰 사랑이 샘솟아 신성을 입어 가고 있었습니다.

수행

닦아야 한다
열에 열 번이라도 아니
천에 천 번이라도

빛이 나야 한다
눈부신 빛이 나야 한다
눈물로 씻어 웃음이 눈부시도록

저주도
탐욕도
판단도 없는
그림자 흔적도 없는
순수의 빛이 나야 한다

눈 위에 눈이 내려
순백의 가슴끼리 얼싸안은
텅 빈 하얀 시간 속을
돌아 나와야 한다.

자기 진실

아무도 모른다
나타난 겉모양으로 봐선 더욱 모른다

물속에서나
땅 위에서나
하늘에서도

살아남기 위한 고독한 생명 길을
욕하지도 말라
흉보지도 말라

다만 생명을 꽃피우는 과정만이
자기 진실 위에 피는 사랑의 속진실이야

숨는 것도 진실이야
변신과 위장의 생존술도 진실이야
현명한 지혜만이
겉진실 속진실을 구별할 따름이려니
겉과 속이 모두 하나여야 하나니
변하는 자가 살아남기 때문이야.

바람 응답

심원
나뭇잎 흔들고 지나가는 바람은
나의 미흡한 감성을 흔듭니다
맘마저 흔들어 때로는
위장과 위선으로 본성까지 감추게 합니다

심원
바람은 다시 말을 걸어
삶이란 죽을 때까지 사는 것이라고 툭 뱉습니다
정답은 없는 것이라고 말입니다

심원
독수리처럼 내려다보면
욕망을 앞세워 소유적 삶을 사는 길
기쁨을 앞세워 존재적 삶을 사는 길
두 길이 있다지만
두 길을 같이 걷는 삶도 있다 합니다

심원
머리 위 플라타너스 잎들을 흔드는 바람은
생각 속 깊이 들어와 사색의 강 언덕에서
수런거립니다

독존의 길에서는 모두를 아우른다고.

길 이야기

길을 가다 보면
길은 길로 이어지고
길은 다시 집으로 이어지고 있었습니다

삶에서 길이란
꿈꾸며 생각하며 찾아가는 생활
집을 나선 길은 저자 길 돌아서
다시 집으로 돌아오고 있었지만
늘상 새 길이었습니다

나의 길에 서 보면
가장 가까웠던 길은
손에서 입까지의 길이었습니다
가장 먼 길은
가슴에서 가슴으로 통하는 길이었습니다

가슴으로 나는 길도
스며들고 젖어 들면
그 길도 조용히 열리고 있었습니다.

자연 선택의 길

사람의 흔적이 없었던 아득한 태초부터
자유의 길이 있었나 봅니다

하는 짓 하게 하고
되는 일 되게 하고
있는 것 있게 하고

선악善惡도 아니고
가부可否도 아니고
좌우左右도 아닌
선호選好로 선택되는 길

과거도 아니고
미래도 아니고
매 순간 선택되는
자연선택自然選擇의 길이 있었나 봅니다

신은 신성을 지녀서 신이듯이
자연도 자유를 누려 신성을 입어 가고 있었습니다
자유여, 성스러워라
성스러운 자연이여, 아름다워라
비밀은 그 속에 사랑이 숨어 있었습니다.

길 위에서

길 위에서는
삶도 거기에 있었고
죽음도 거기에 있었습니다

길은 황무지에서 밟아 간 흔적
삶은 노예에서 벗어나려 하였으며
죽음은 숙명에서 벗어나려고 하였습니다

올라가는 불길도 봅니다
내려가는 물길도 봅니다

올라가는 길을 보면
좌우左右가 아니라 선호選好로 선택되는
자유의 길인 듯싶고
내려가는 길을 보면
가부可否가 아니라 순리順理로 정해지는
자연의 길인 듯싶습니다

길이란 길 모든 길은
시간 안에서 영원을 꿈꾸고 있었습니다
올라가는 불도 끝내는 내려오고
내려가는 물도 끝내는 올라가고

끝없는 순환 질서를 갖고 있었습니다.

그대의 손길에서

바람아
철없이 초록 보리밭 쏘다니던 임이여
지금도 불러 봅니다
두 팔 벌려 가슴에 안으면 숨이 가빴던 임이여
그리워서 다시 불러 봅니다

지금 나는 바람이 몸살 하는
매연에 숨막히는 서울
값비싼 불빛들의 자동차 홍수 속에 있습니다
고개를 들면 현기증 나는 고층 빌딩
말로써 말 많은 남을 죽여야 내가 사는
바람 없는 소음의 공간에 서 있습니다

그리워라, 푸른 바람 내 임이여
그립고 그리워서 부르고 또 불러 봅니다.
쓰러졌던 풀잎 입 맞추어 일으켜 세우시고
숨으로 가슴 채워 찬물을 먹이시고
눈부신 양지에서 두 눈을 뜨이시던 그대를
눈 감고 아롱아롱 그려 봅니다

자유와 사랑 내 임이여
언제라도 그대의 손길에서

아니 꼭 그대의 손길에서
나는 나의 마지막 숨을 쉬고 싶습니다.

가슴속 강물

현미경 위에 내 몸 어느 부위
살점이라도 떼어 얹어 보면
바람에 수런거리는 나무 그림자 보입니다
들찔레 향 묻어나는 꽃 그림자
가슴속 강물에 어른거립니다

달이 뜬 호숫가 은빛 잔물결
별이 빛나는 밤 벤치의 속삭임
백조 날아가는 서녘 하늘 꽃 구름
종달새 우는 자운영 초원
금모래빛 굽이굽이 푸른 강물
눈 내리는 겨울 밤 원고지와 촛불
자유와 사랑을 아는 연인들
대봉 감 익어 가는 음악당과 오페라
바이올린 선율도 첼로 선율도 보입니다

배율을 높이면
봄 파종 끝난 아득한 들녘
수확물을 백마가 끄는 마차 행렬
과일 따는 모자 쓴 농부들
가난을 붙들고 울며 기도하는 나그네들
은하수 자미원* 뜨락

포도주를 마시면
장밋빛 맛과 향이
시와 음악과 사랑을 싣고
내 가슴속 자유의 하늘 강으로 흘러드는
흰 돛배가 보입니다

뱃노래 소리가 들립니다
어린 별들이 무작정 내려와 매달립니다.

*자미원紫微垣 : 큰곰자리 부근에 있는 삼원의 별자리 중 하나.
　　　　　　천제가 거처하는 곳으로 전하여짐.

어제 오늘 그리고 내일

잘나고 못난 것
어제는 어제대로
망각 속에 묻어 버렸습니다

오늘의 눈부신 햇살을 바라보니
어제가 오늘의 내 감성을 지배하지 못하는 듯합니다
순간의 행동이 나의 창조요 나의 삶입니다
생각의 화살은 촘촘히 느끼며 안으로 안으로 들어갔습니다

용서하세요
내일은 누구의 간섭 받지 않는
내 절대 자유의 사랑과 감사의 시공
하얀 시간 순수 감성의 진동률
그 파장으로 만 길을 갈 것입니다

그렇게 해야 된다고 생각합니다
낯선 거리로 나를 또다시 내몰고 있습니다
기뻐서 가는 길을 떠나고 있습니다.

진실한 대답

기쁠 때나 슬플 때나
내 뺨을 타고 수직으로 내리는 눈물은
내 맘을 수직으로 곧추세우는
영혼의 분수였다

진실을 다한 노력 끝에
몸을 적시는 땀이 육체의 진실이라면
판단 없이 예고 없이 순수 감동 끝에
순간에 흐르는 눈물은
영혼의 진실이라 해야 하나

새벽 풀잎에 맺히는 이슬같이
순박한 내 영혼의 손 끝에 맺히는 눈물은
늘상 사랑을 내게 그렇게 대답해 왔다

기쁠 때나
슬플 때나
진정 그렇게 대답해 왔다.

농부農夫

햇빛 달빛 비치고 별빛도 비치고
비바람 내리고 서리 눈도 내리고
봄 여름 가을 겨울 지나는 사이사이
꿈꾸는 씨앗을 농부는 뿌리고 묻는다
누구를 믿는지 그렇게 땀 흘리고 나면
천지간에 나보다 가슴 뿌듯한 이 없었다
크는 대로 도와 주고
되는 대로 되게 하면
천하의 목숨들은 스스로 아름답게 차고 넘치니
푸른 누리 바람 부는 들녘에 서 있어도
자연은 항상 나를 안고 돌고 돈다
사랑, 감사 나누고 베풀면
하늘과 땅은 늘
우주의 중심에 나를 서 있게 했다.

빈손도 모으니

나무들의 파아란 잎새들은
모두가 빈손입니다.
청순한 하늘은 그 손바닥 위에
햇살을 줄줄 부어 줍니다.

넘치는 햇살
한 줄기라도 더 가두려 두 손 모으니
바람은 기특하여 꽃을 피워 줍니다.

빈손도 두 손 모으니 꽃이 피어요
너도나도 빈손 모아서 열매가 맺히나요.

사랑이 뭐냐고 물어 오면

심원心園
한 길을 같이 발 맞추어 걸어가다가
마주치는 침묵의 눈빛 속에서
혹 사랑이 뭐냐고 물어 오면
생명의 본질임을 알았으면 합니다

심원心園
다가서는 눈빛 속에서
다시 사랑이 뭐냐고 물어 오면
스스로 자람이라고 말하고
모범을 보이면서 서로 감싸면
잔잔한 기쁨이 치솟음을 알았으면 합니다

심원心園
사랑은 무얼 먹고사느냐고 물어 오면
위가 작아서 부드러운 귓속말
'사랑한다'를 먹고산다 하고 칭찬하면
종일토록 배고픔을 잊고 지냄을 알았으면 합니다

심원心園
사랑은 어떻게 하느냐고 물어 오면
끝까지 지켜봐 주는 그윽한 시선이라 말하고

비교할 수 없는 인격이기에
용서와 이해 없이는 볼 수 없는
헌신의 예술임을 알았으면 합니다.

심원心園
사랑의 길은 어떠하냐고 물어 오면
내 사랑의 길 위에
부모 사랑의 길과
부부 사랑의 길
자녀 사랑의 길에 인류 사랑은 더하고
만물 사랑을 합하는 고난의 예술 길이라 말하고
순간의 기쁨이 영원에 닿아 있음을 알았으면 합니다

심원心園
정녕 사랑이 뭐냐고 물어 오면
영롱한 눈물방울에 불붙고
끈끈한 땀방울에 불타는
자유의 불꽃임을 알았으면 합니다.

물길

지혜로운 뱀 머리

내림길은 먹이 채듯 잽싸게 달려들고
오름길은 놓친 먹이 두리번두리번

대지 가슴 적시며 안으며
대지 숨결 고르며 춤추며

흥겨운 흐름
생각하는 눈빛

급하면 달리고
완하면 쉬어 가고

허용하는 것이
순명임을 알아

바다에 닿는 길
조급해 하지 않는다.

바람 문답

바람이 하도 맑고 서늘하여
바람에게 길을 묻는다

저, 선생님 사랑이 뭡니까?
"배를 채워 주는 겁니다."
뭐라 하셨습니까?
"소리를 들어 주면 됩니다."
다시 한 번 말씀해 주십시오
"같이 놀아 주면 됩니다."
큰 소리로 말씀해 주십시오
"발 뻗을 공간을 만들어 주면 됩니다."
잘 안들려요, 선생님
"눈물을 닦아 주면 됩니다."

바람이 휘돌면서
"자유와 고독 속에 살아 숨 쉬는
남몰래 흐르는 눈물임을 알았으면 합니다."

바람의 생각

들녘에서는
비 바람 햇살은
살아 있는 것들에게 무한 자유를 줍니다그려
하는 짓 계속 해보라고

하는 짓이 모이면
사는 짓이 되고
사는 짓이 모이면
싸우기도 놀기도 하네요

바람은 알고 있는가 봐요
동종同種 간의 번성繁盛보다
이종異種 간의 번성繁盛이
강하고 아름답고 조화롭다는 것도

모두는 치열하게 자기 거듭남이
자기의 삶을 꾸려 나가기에
바람은 강한 것에게 손뼉을 쳐서
자유의 극대화를 구경하나 봐요.

푸른 물결 가르는 백조처럼 2
푸른 하늘 날으는 백학처럼
오순도순 살고지고
천년만년 살고지고

물빛처럼 하늘빛처럼

진달래꽃

초경에 놀란 산처녀
춤추는 떨기 떨기

두근두근 아리는 가슴
바람 등불 달고서

산새에도 부끄러워
볼 붉히고 피었다.

물빛처럼 하늘빛처럼

푸른 하늘을 이고 수만 년 버텨 온
백두산 천지가 저리도 푸르고 고요한데
그 아래 살아온 백성들은
어이해 이러고 있는가

죽이고 죽는 형제와 싸울 힘 있으면
도우며 이끌며 하나 되어 돌아가면
홍익인간弘益人間 제세이화濟世理化 개천 정신이
물빛처럼 하늘빛처럼 영원을 꿈꾼다

대한민국 상징인 태극기는
무극無極 중성中性의 표현이니
무장 해제를 통한 중립국中立國 꿈을 꾼다

그리하여
푸른 물결 가르는 백조처럼
푸른 하늘 날으는 백학처럼
백의白衣의 겨레여
겨레의 맥박이여

동서남북 보살피고
상하좌우 스며들어

중심으로 치솟아라
세계에 영원하여라
인류에 영원하여라.

물처럼 바람처럼

물처럼
바람처럼

물길은 돌아 돌아
바람길은 넘어 넘어

소리 없이 냄새 없이
빛깔 없이 맛 없이

맑은 순수 부드러운 감성
흘러 흘러 오고 가고

물은 바람 아래서
바람은 물 위에서
따뜻하게
서늘하게

빈자리 마른자리
스며들고 찾아들고
물은 바람처럼
바람은 물처럼

속없이
쓸개 없이
피도 되고 숨도 되고.

신록이여, 오월의 신부여

심원心園
소쩍새가 이따금 울어요
싱그러운 신록 오월의 밤이 깊어 가나 봐요
아카시아, 뜰찔레꽃 향기 실은 바람에
나는 가슴이 설레요

심원心園
오늘 저녁만은
하늘에 뜬 저 달
저 혼자 쓸쓸히 지게 하지 말아 주세요
나는 달빛 은실을 씨줄 삼고
내 영혼의 아리아를 날줄 삼아
밤새도록 베틀에 앉아
비단옷을 짜고 있어요

심원心園
그 옷감으로
이제 막 잠에서 깨어난
꿈꾸는 오월의 신부에게 새 옷을 지어 입혀
가진 것이라고는 단 하나뿐인
마음에 가꾸는 하나의 정원
나무, 나무에 핀 꽃잎 따다

그대 앞길에 날려 드리오리니
신록이여, 오월의 신부여
걷는 듯 춤추는 듯 나는 듯
고이 밟고 오시옵소서

심원心園
많이는 놀라지 마세요
쓸개 간 다 떼다 팔아야 사는 세상
피 땀 눈물 없이는 살 수 없는 세월
밤마다 뒤뜰 찾아오시어
쉼터의 맑은 샘물 마셔 보소서
소곤소곤 별밤 얘기나 같이 나누시소서
유현한 달빛 세레나데도 들어 보소서

심원心園
그리하여
이 세상 그 누가 뭐래도
묵묵히 모성의 길 걸어가시옵소서
위대한 어머니만이 이 세상을
아름답게 새롭게 만들 수 있습니다
자유의 여신이여!
사랑의 여신이여!

신록이여, 오월의 신부여!

오월 춤사위들

나프르르
나프르르
호수 물결이 나프르르 춤추고

나풀 풀풀
나풀 풀풀 풀풀풀풀
느티나무 잎새 나풀풀풀 춤추고

나아풀
나아아풀
나아아아플
갈매기 나아아풀 춤춘다

오월 라일락 피는 그늘
벤치에 앉아서 보면
바람 따라 춤추는 것이 꽃잎만이 아니네
할아버지 손자 선물 뭣을 할꼬 나나나 나나나풀
부모님 선물은 현금이 좋겠지 나아 나아 나아풀

오월의 바람은
만상을 춤추게 한다.

봄 파종하소서

심원心園
햇볕 따스한 누리
만상이 새 삶 찾는 새 봄에
좋은 꿈 하나 가슴에 파종하소서
천년을 능히 치솟을 그런 꿈
백목련 피는 마음으로 기원 모아 드리오니
두 손 모아 가슴에 얹어 봅시다

심원心園
세상이 변하여 어수선하여도
용기 잃지 마소서
시간이 시시로 우리를 희롱하여도
노여워 마소서
오직 아름다운 몸과 맘을 위해 매진하소서
나 그대 가슴에 촉촉한 봄비로 내리오리다

심원心園
좋은 친구 한 사람은
스승 같은 동반자라고 누가 그랬어요
친구의 슬픔을 평생 등에 지고 사는 아메리칸 인디언처럼
나 그대와 동행하리니
이 마음 버리지 마시고 간직하소서

심원心園
사는 날 동안 내내
이 정성 받으소서
눈부신 가을 햇살이
그대 창살에 가득 내릴 때
익은 꿈 매만지며 큰 웃음 웃으소서.

백목련 피던 밤

심원心園
금강원 작은 뜰
백목련 피던 밤은
우리는 기도로 밤의 침묵을 지키고 있었습니다

심원心園
별들이
하나 둘
촛불을 밝히자
우리는 신부를 기다리는 가슴으로 서성거렸습니다

심원心園
소소히
밤안개 피어오를 때
우리의 마주 쥔 손목은
하이얀 예복으로 꽃길을 걷고 있었습니다

심원心園
붓끝 같은
작은 가슴이라도
이슬 먹은 가슴으로
푸른 꿈 피고 지자고

우리는 뜨거운 눈물을 삼키고 있었습니다

심원心園
너와 나의
순백의 가슴에
백목련 피던 밤은
달이 유난히 밝은 축복의 봄밤이었습니다.

심원의 봄

하늘 땅을 수없이 돌고 돌아
수십억 년 세월 끝에 카이로스*의 봄이 오니
태산은 저마다 어깨 춤으로 일어서고
강물은 산으로 오르며
동토의 언덕에 바위 터지는 소리 들린다
비를 안고 내리는 바람은
나무들의 바다에 사랑의 밀어를 불어넣고

잎새마다 체온을 올려
가지의 끝순마다 불을 댕긴다
햇빛 달빛 별빛은 오르가슴의 메타포어
시간은 정지되고 숨 가쁜 맥박만 달리는 순간
감격의 노래를 혼자 부를 수는 없다
자유와 사랑과 시와 음악이 흐르는 강물이다
신선한 아침 숲 속의 새소리 지저귄다.

*카이로스kairos의 시간은 하루가 천 년 같고 천 년이 하루 같은 시간. 반대로 크로노스chronos의 시간은 1분 60초 60분 1시간 하루 24시간의 일상적인 시간.

백목련 놀란 가슴

입춘 알리는
심원각 종소리 듣고

진달래 수줍게 내민
연분홍 입술

경칩 햇살이
사알토록 핥고 지나가니

백목련 놀란 가슴
브래지어 끈 터지는 소리.

봄날은 간다

심원
구글 애플 아마존 삼성같이
이세대 차세대 글로벌 문화 주도 경쟁하듯
산수유 벚 개나리 진달래 저들도
누가 먼저 봄을 맞느냐 앞다투어 꽃피었네요

심원
생명들이 꽃으로 누리는 퍼스널 타임을
문화의 꽃들도 야단이지만
그린 그린 외쳐대는 21세기
벌 나비 없이 저 혼자 핀 저 많은 꽃들
누구와 더불은 수분受粉으로 행복의 웃음꽃 피울까요
누가 찾아와 밤마다 울고 간
사랑의 눈물 꽃을 지울까요

심원
갑자기 낯선 바람이 불어옵니다
꽃잎은 속치마까지 뒤집히어 나풀거려도
아무도 찾는 이 없는 거리
외로움에 외로움에 고개 떨구는데
애틋한 봄날은 다 가고 있네요.

소담채

운무 내리는 청계산 소담채 안뜰
보랏빛 고운 단장 라일락꽃 영접 인사
옷고름 입에 물고서 다소곳 발걸음 보네

벗이랑 마주 앉아 동동주는 넘치는데
잔 잡아 권하는 뽀오얀 손길 보니
향기는 방문 안에서 부끄럼 안고 있었네

흙냄새 풀 냄새 물 냄새 산새 소리
자연이 자연스레 어깨동무 하고서
지나는 나그네 팔짱 얼싸 잡고 모시네.

물선녀

석촌호수에 가면
운이 좋은 날은
나이아가라폭포 푸른 머리 휘날리고
허리가 가는 미인 물선녀를 만날 수 있어요

높은 아파트나 사무실에서는
밤이나 낮이나
나뭇잎 무늬 새긴 붉은 목걸이를 한
물선녀 속살을 들여다보려 고개 내밀고
은행나무도 현기증 나도록 넋이 빠졌어요

그녀의 가슴에는
해도 달도 별들도 구름도 품었다 보내고
물새 청둥오리 백조들도 기르면서
사람들의 건강을 많이 도와 주었지만
이따금 가슴에서 뿜어내는 괴성은
웃음 반 울음 반 불꽃도 어스러집니다

물의 기운이 때론 어시시하기도 하지만
괴성의 음색은 더욱 어시시하지만
가을비 속의 눈물을 보면
그도 어떤 슬픔을 간직하고 있었나 봅니다.

강가의 나무들

강가의 나무들은
가지 잎 소란스럽지 않고
물안개처럼 부드럽고 말이 없다

이들은
하늘에 뜬 달도 별도
강물에 비친 달도 별도
울안에 모두 가두고 살고 있었다

이들은 산으로 들로
사냥을 배우지 않고 살은 듯싶고
강가에서 낚싯대나 드리우고 살아서 그런지
걸음걸이며 인사하는 모습이 겸손하여
오래오래 사귀고 싶은 얼굴들이다

이 강가에서는 철새 떼 물오리 떼들도
나무들의 많은 사랑을 받고 살았다는 짐작이 드니
나도 이 강가에 정자 하나 짓고 싶다.

자귀나무 꽃

공작孔雀 꼬리 화관花冠을 쓰고
홍학紅鶴 무리 나뭇가지에 앉았다
잎잎이 노櫓 저어
하늘 호수로 가는데
달빛이 비치는 밤이면
분홍 물선녀 수련睡蓮을 만나
집단구혼集團求婚 미팅을 위한
발레 공부를 하나 봐.

그대 곁에만 서면

나 그대 곁에만 서면
봄 파종 파릇 새싹 하늘을 처음 보듯
그렇게 그대를 늘상 바라봅니다

신비가 차오르는 가슴 강물은
죄의식 없이
두려움 없이
수면은 잔물결로 춤추고 있습니다

오로지 영혼은
하늘을 어우르는 들꽃
판단 없는 속웃음만 웃다가
때론 꽃잎 바람에 뒤집히듯
배꼽 잡는 웃음도 웃어 봅니다

나 그대 곁에만 서면
밤은 백두산 천지처럼 경건敬虔하고
낮은 들녘에 내리는 햇살처럼 자애로워
원시림에 날개 접는 봉鳳이 되지요.

호수의 밤

심원心園
호수의 밤은 낙조로부터 시작되네요
엷은 하늘엔 생쥐 나오듯 별들이 나오고
이내 호수는 별무늬 수놓는
깜장 벨벳 치마를 입고 말이 없습니다

심원心園
일손을 위로해야 하는 야영野營 모닥불
불가에 모여드는 눈빛 눈빛들
불빛에 흔들리는 얼굴 얼굴들
밤은 숲으로부터 깊어지는데
우리들도 내일을 위해 각자의 침실로 가야 하는데
이 밤에 나누는 대화들은 끝이 없습니다

심원心園
호수는 이들의 얘기를 모아 훗날의 전설傳說을
준비하는 듯합니다, 그리고
내일에 세울 희망의 깃발도 준비하고 있어요

심원心園
갑시다 일어섭시다
호수가 안내하는 휴식의 나라로

별빛이 잠든 꿈의 침실로
잠든 물새들 깨지 않게
조용히 조용히 걸어갑시다
내일을 향해 손에 손잡고.

반짝이는 청계천淸溪川

나는 청계천이 새 단장 하고
서울시로 시집오는
면사포 쓴 신부를 보았습니다

햇빛 반짝임이 물빛 반짝임으로
물빛 반짝임이 눈빛 반짝임으로
눈빛 반짝임 속에서
미래의 희망이 눈부심을 보았습니다

새빛 받은 물이 새 시냇물로
새 시냇물이 청계천 새 물로
청계천 새 물이
서울시의 새 핏줄로 흐름을 보았습니다

서울은 새 서울로 살아나고
서울 사람들도 새 사람으로
살아나고 있음을 보았습니다
물빛에서 바람빛에서 불빛에서 얼굴빛에서

이 가을에 물이 자연을 만들고
자연이 하늘같이 성스러움을
청계천 반짝이는 물비늘에서 보았습니다

졸졸졸 작은 서울의 강
신부의 걸음걸이를 보았습니다.

푸른 가난

그날에는
숨만 쉬어도 잘 살았습니다
푸른 바람으로 아침 점심 떼우고
검은 눈동자엔 고향 그림자
노을 지는 저녁 해를
홍시紅柿처럼 따먹고 살았습니다

물만 먹어도 좋았습니다
산새 노래 물새 노래 얼비치는
물만 먹어도 좋았습니다
가슴에는 언제나 하늘 껴안는 꿈
별이 총총 빛난 은하銀河 강물을
쑥국처럼 퍼 마시며 좋아했습니다

그러다가
깡보리밥에 열무김치 된장국에 비비면
왕후장상王侯將相 벼슬도
세상 눈에 뵈는 것 없이 좋았습니다

그래도 그날에는 사랑한다는 말 한마디에
펄펄 산도 넘고 강도 훌쩍 뛰어 건넜지
들꽃에 눈 맞추며 같이 웃다가

종달새 쪼글 노래 따라 부르며
소를 모는 황혼 길이 흥겨웠습니다.

모두가 햇살 받아 웃는 들꽃　　3
웃음은 묏새가 물어 가고
상념은 추억 되어 낙엽으로 쌓이고
두 사람 입김 하나 되어
향기론 찻잔에 고이네요

들꽃 피는 언덕에 서면

가을 물빛

하늘이 물빛을 닮았으랴
물이 하늘빛을 닮았으랴
하늘은 영원창공永遠蒼空 청자靑磁 빛 아려 서럽고
물은 흐르는 인생 푸른 우수憂愁에 젖어 서럽다

스치는 바람이야
하늘가에서나 강가에서나
삶의 피부를 스치우지만
던지는 물음은……

거울 같은 푸른 내면에서
억조창생을 기른 모성향수母性鄕愁
순수이성과 감성을 찾는 그리움 사무치다

그래서 나도
학처럼 백조처럼
물빛과 하늘빛 사이에서
영원을 향해 하얀 시간 속을 흐른다.

들꽃 피는 언덕에 서면

심원
호수가 내려다보이는 시월
들꽃 피는 언덕에 서면
가는 사람 오는 사람
모두가 들꽃들이네요

키대로 마음대로 서거나 앉거나
다리 뻗고 팔 뻗고 기대거나 껴안거나
비바람 오고 가고
들꽃은 피고 지고

벌개미취꽃 개망초꽃 강아지풀꽃 들국화
사과 배 감 대추 수수 팥 벼 호박 등등

코스모스의 가녀린 소원은
화살나무가 알아채고
잎잎에 화약불 댕겨
태양을 향해 사랑의 화살을 쏘고 있네요

심원
들꽃 피는 언덕에 서면
땅의 여인들 바람의 남정네들

모두가 햇살 받아 웃는 들꽃
웃음은 묏새가 물어 가고
상념은 추억 되어 낙엽으로 쌓이고
두 사람 입김 하나 되어
향기론 찻잔에 고이네요

햇빛 달빛 받으며 별빛도 받으며
비 소리 바람 소리 들새 소리 산새 소리

허리띠 없이 넥타이 없이
머리핀 없이 목걸이 없이
구두짝 벗어 집어던져 버리고
모두가 까칠한 땅 위에 맨발로 서 있네요.

가을아, 너 어디로 가려 하느냐

심원
가을은
수줍은 홍시 입에 물고
어디로 가려 하나요

심원
천년만년 살 것같이
산과 들 온통 꽃물 들여 꽃동네 꾸며 놓고
천곡만과 알알이 농사 다 지어놓고
바람과 함께 어디로 가려 하나요

심원
우수수 나부끼는 풀잎 나뭇잎
웃음 거두어 억새꽃 머리에 꽂고
윙윙대는 벌 나비 노래 거두어 봇짐 메고
바람과 함께 정녕 어디로 가려 하나요

심원
가슴이 맑고 푸르러
가을을 타는 사람들도
무작정 바람 따라 길 떠나려 하는데
도대체 이들을 데리고

어디로 가려 하나요

심원
눈 밝은 햇살은 알고 있을 터
마을 앞 산그늘 지날 때 물어보겠네만
부디 가려거든 민초들 가슴에 멍든 애환까지
쓸어 갈 수는 없겠느냐
아! 야속한 가을아
가을 바람아
가을 햇살아.

초가을 오후

벌써
나뭇잎새 붉기도 전에
왜 가지 성기어지느냐
교수들 논문 시비에
저도 마음이 상했나
고개 돌려 어서어서 떠나자 재촉하나

뜨락 벤치엔 돈이면 다냐고
황금 입힌 은행잎도 중심 잃고 쌓이고
만 길 창공도 푸른 물에 숨으려 한다

적막 누리에
해 그림자 길어지니 바람결이 차다
눈이나 빨리 와서
창피한 얼굴들 덮어 줬으면 좋으련만…….

늦가을 망초꽃

오늘은 석촌호수 십차선 대로변에서
버스를 기다리고 있습니다
벚나무 가로수 밑에
잔디를 방석 삼아 민들레 데불고
망초꽃이 두어 그루 피었습니다

김진사댁金進士宅 종년 딸 더벅머리인데도
웃는 모습이 가을 하늘처럼 맑았습니다.
추분秋分이 지났으니 꽃잎에 스치는 바람이 찬데
삶이 거둬지는 계절인 줄 아는지 모르는지
무척 천진스럽습니다

그러나 저러나 제발
폭주족 오토바이 똥구멍 방귀 뀌는 소리들
좀 줄여 줬으면 좋겠다고 생각합니다

흔한
벌 나비도 와서
이쁜 웃음 한번 봐 줬으면 좋겠다고 생각합니다
이들이 펼치는 별밤 이야기 무도회도
봐 줬으면 좋겠다고 생각했습니다.

억새밭에서

그젯날 초여름 날은
하늘공원의 억새풀이 청마를 타고
쉬임 없이 산등성을 달리고 있었습니다
콧등에 내뿜던 숨이 흰 구름이 되었나요
천둥으로 호령하여 거센 비바람 내리게 했던
삼족오三足烏 기세 높던 임들이 심신을 단련했나 봐요

오늘은 가을
맨몸으로 버티어 온 초원의 거친 날이 지나서
저마다 억새꽃 승리의 깃발 펄럭이네요
푸른 하늘에 영혼을 달래는가 봐요
흰 갈기 휘날리는 수만 마리 야생 백마 떼를 보고 있습니다.

가을 동행

이 가을에
여러 해 단풍 물이 든 산천 같은
가슴을 열어 사랑한
그 사람을 다시 만나고 싶다

가슴이 푸르러 하늘을 닮은 사람
들길에 세우면 걸음마다 꽃이 피고
물길 돌아들면 웃음마다 물새 우는
그 사람을 다시 만나고 싶다

맘이 따뜻해 햇빛을 닮은 사람
생활에 들면 울안에 넘치는 포근한 미소
찻상에 내리는 빛살엔 은방울 소리 울리는
그 사람을 다시 만나고 싶다

이 가을에는
낙엽 구르는 적막 산사
붉게 물든 황혼에 발걸음 맞춰 걸을
그 사람을 다시 만나고 싶다.

울음도 노래도

목구멍에서 나오는 소리는 많지만
소리의 끝은 울음이었습니다
우리의 판소리는
탄식도 울음이요 신음도 울음
대화도 울음이요 노래도 울음
울음이 노래 되어 울음 노래 부르네요
죽음을 넘어서야 삶을 알 듯
소리도 죽음을 넘어서야 노래가 노래로 사나 봐요

죽음을 넘어서지 못한 나에게는
삶도 없이 노래도 없이 삶 같은 노래 같은
같은 것들만 옹기종기 모여 있나 봐요
사랑도 기쁨도 슬픔도 아픔도
울음을 넘어선 곰삭은 것은
뭣이 돼도 되기는 하나 봅니다.

그리움 하나

하늘이 깊고 푸르러 고개 들어 올려보니
맴돌던 그리움 하나 방패연 높이 떴네

초록 잎새 단풍 물들도록
여러 해를 보냈으랴
그리움도 알록달록
색이 짙어 눈물겹다

모진 바람 부는 세월
바람 타고 더 높이 떠서
세월 이긴 마알간 미소
꿈속이라도 보이소서.

당신은 누구시길래

심원
보슬비 내리는 산길을
단 한 번 걸었을 뿐인데
내 가슴 촉촉이 꽃눈이 터지네요
당신은 누구시길래
아침마다 눈부신 햇살을 보게 하나요

심원
햇살이 깔깔대는 오월
팔랑대며 따라 웃는 초록 잎새들
하늘마저 푸르러 온 누리 푸른 손짓
나를 무작정 길 떠나게 하는
당신은 누구시길래
놀란 가슴 싸매고 설레게 하나요

심원
구름이 지나간 자리 산들바람 불어와
산새들 우짖어 창문을 열어요
유현한 달빛 타고 온 아카시아 꽃향기에
나도 몰래 흐르는 눈물 세레나데를 부르는
당신은 누구시길래
내 마음 출렁출렁 눈물 호수 만드나요

심원

다시 한 번 들리는 목소리
귀 기울이면 길게 흐르는 적막
들숨 날숨 받아 정열에 불타는 가슴
발걸음마다 새 길을 안내하는
내 안의 당신은 누구시길래
이렇게 내 마음 사로잡나요.

삼척 철길

그젯날 석탄 철길
오늘은 관광 철길

너도나도 울긋불긋
웃으며 속삭이며

인생은 추억 외길
후진 없는 우수의 길

긴 오르막 짧은 내리막
되돌아가는 길 모두가 모르네.

반지하半地下

흙에서 태어나 흙으로 가는 삶에서
반지하 생활은
지상地上의 삶과 지하地下 죽음의
정중앙正中央에 있었다

날이 밝아 하루를 시작하면
남을 죽여야 내가 사는
양날 선 죽느냐 사느냐의 세상

조심하세요
잘 다녀오세요
일찍 들어오세요
오늘은 별일 없었나요

반지하 생활에서는
매일 삶 반 죽음 반
삶도 죽어 가고 죽음도 질식하는 자리

별들이 창문을 열어 주면
무덤 같은 희미한 방에 달빛이 들어와
아내의 버리지 못한 몇몇 희망봉希望峰 아래
눈물로 채워진 호수가 천지天地처럼 신성神聖하다.

그림자의 손길

바람은 미친 듯이
트인 공간 쪽으로 몰려다닌다
고집 세고 힘 좋은 키 큰 빌딩에 부딪쳐서는
넘어질 듯 휘청거리다가
다시 일어서서 쫓기듯 나는 듯 뛰어다닌다
큰 빗자루의 혀를 빌려서
담배꽁초며 휴지며 가래침까지 쓸어 핥아
후미진 곳으로 모은다

사람의 눈으로는 볼 수 없는
성자의 오른손이 눈 깜박할 사이에
지나간다
봄 햇빛에 유난히 눈이 부신다.

속을 비운 사람들

나도 너처럼
너도 나처럼
살았어도 산 것이 아닌 대로
죽었어도 죽은 것이 아닌 대로

나무에도 기대고
풀밭에도 기대고
얼굴 없는 공짜 바람 마음껏 마시고
말 없는 현명한 물 배불리 마시고

걸으며 생각하며
사랑하며 감사하며
만져 주고 쓰다듬고
안아 주고 업어 주고

있는 대로 봐 주고 되는 대로 밀어 주고
좋은 일 하는 대로 자연 선택 도와 주고

해도 달도 하늘에서
별들도 하늘에서
내려다보고는 빙그레
올려다보면 시침 뚝.

천학도의 꿈

내가 존경하는 대하大河 선생님은
이 땅에서 일백 년을 흘러갈지라도
천학도千學圖 이상을 하늘 강에 부화시켜
천년 꿈을 꾸면서 유유하시다

십 년 후에
어떤 놈은 백 년 후에
큰놈은 천년 후에
이 땅에 용龍이 되어 올라와
사랑 혁명 횃불 바통을 이어갈 것을 확신한다

대하 선생님의 하늘 강은
지구를 띠로 감싸고 흐르다가
은하수 타고는 우주로 흐른다
때론 우리들의 영혼 속으로도 흐른다
나직히 침묵하여
큰 소리는 들을 수 없다

어린이와 어머니들의 미소에서
시인들의 노랫말 속에서 간혹
가슴 뛰는 사랑과 속삭임, 그리고
물 냄새를 맡을 수 있음 직하다

언제부터인가
나도 그 횃불 하나 들고
대하 선생님의 하늘 강가에 서 있었다.

단청학 丹青鶴

하늘에 핀
백합화 고운 임아
뭣하러 예까지 내려왔느냐

청산운무青山雲霧에 나는
단청학 꿈속에 보고
달빛 타고 훨훨 내려왔느냐?

쓸개 간
헐값에 팔아야 사는 세상
못 본 척 스치우고

산새
들새
물새 떼도 친구 하다가

물 따라
바람 따라
학춤이나 한 번 추고

초여름
쌍무지개 뜨는 날

다시 하늘로 날아가렴.

사랑의 보금자리

사랑은 어디에서 사나요
욕망 속에 있나요
질투 속에 있나요
소유 속에 있나요
요즘 외치는 구호처럼
위하는 곳에 있나요

사랑은 사랑의 것이어서
사랑 자체의 순수에서
꽃 피워야 한다고 생각합니다
진실 위에 피는 생명의 불꽃
영혼의 호흡이어야 한다고 생각합니다

순수 지금의 사랑
나눔 지금의 사랑
지금의 감성이 영혼에 아롱지면
가슴이 풀꽃처럼 피어난다고 생각합니다

물처럼 바람처럼 그리고 햇살처럼
감성의 물빛 파문 반짝임같이
생명의 불꽃 흔들림같이
그렇게 내 가슴에 샘솟아다오

그렇게 내 이웃에 있어다오.

말이 없는 자는

말이 없는 자는
오른손이 한 일을
왼손이 모르게 하기 때문이지요

말이 없는 자는
자기를 위해
구걸하지 않기 때문이지요

말이 없는 자는
지금 사랑을
하고 있기 때문이지요.

그리움의 노래

목숨 가진 것들의 한 삶에서 보면
삶에서 투쟁의 끝은 자유요
자유의 끝은 사랑이어라

내게 있어서도
걸어 걸어 끝 모르는 삶의 길
그 길 위에서 외쳐 부르던 노래도
가슴 터지게 사모한 그리움의 노래도
그런 노래였느니라

흘러간 애잔한 시간들
모두들 놓아버리고
웃고 있어도 눈물이 나는 지금
가련한 고뇌의 하이얀 노래였느니라

자유로 사랑으로
죽어서 다시 사는
존재적 내 영혼의 울컥이는
혼자 부르던 노래였느니라.

나의 눈물은

심원
미숙한 나는 시인이 되어 가는 중이지만
시인들이 흘리는 눈물은 그 영혼에 떨어져서
어떤 문양紋樣의 채색采色이 날까요

심원
나는 한 마리 하늘 꿈꾸는 새
깡마른 세상 바다에 맨몸으로 날아서
아름다운 새 삶 찾는 멀미 나는 길 없는 길이었어요

심원
목 축일 한 줄기 가랑비도 외상 거래 없는 거리에서
영혼에 불 밝힐 기름도 심지도 외상 거래 없는 거리에서
피땀이 기름이 되고 눈물이 등불이 되어
사랑 찾아 빙빙 묵묵히 날아 헤맸습니다

심원
물새 소리 산새 소리 바람 소리 벌레 소리
심성에 젖어 맺힌 감성의 눈물 방울방울이
내 마음의 정원 나무들에 떨어져
가지가지 잎잎에 아롱다롱 시로 달렸다가
하늘 오르는 그날 전원 교향악 되어

민초들의 피맺힌 마음 어루만져 줬으면.

음악을 듣는 시도 사랑도
빗물에 흠뻑 젖는데
여름밤은 깊어만 간다

4

비에 젖는 첼로 선율

비에 젖는 첼로 선율

7월 장맛비
소근거리는 빗소리에
피터러비스 펠베이가 연주하는
엘가의 첼로 협주곡 선율旋律이 젖는다
말번 언덕에서 부르던 휘파람 소리가
함께 젖는 듯하다
선율은 빗물 따라 강으로 바다로 가는데
바람도 뒤따르며 흥얼거린다

음악을 듣는 시도 사랑도
빗물에 흠뻑 젖는데
여름밤은 깊어만 간다

오늘은 나 어디로 가야 하나
어떻게 해야 하나
밤새도록 나도 따라 흐르면
침묵의 바다에 닿을 수 있을까.

선교 멜로디

7월 장마가 잠깐 비켜서는 늦은 오후
하늘은 어두워 오는데
나누며 살자고 베풀며 살자고
행복선교회의 색소폰이 마당에서 울고 있습니다

가진 자 모두 문고리 걸어 잠그고
바쁜 생활인들 지나는 화정역 광장
비둘기 떼 대여섯 마리가
색소폰에서 떨어진 콩나물 대가리 쪼느라 여념이 없습니다
안개로 얼굴을 가린 가랑비 바람은
쉬었다가 다시 불어 보라고
허기진 연주자의 얼굴을 닦아 줍니다

잠시 후 다시 울리는 목쉰 멜로디는 어지러운지
불 밝힌 유리창에 머리 부딪치는데
나무들은 깜짝 놀라 발만 동동 구르다가
흐르는 피 초록 손수건으로
흥건히 닦아내고 있었습니다.

어떤 시장기

유럽의 한 노정객老政客은
사람을 깊이 알면 알수록
사람은 개를 더 좋아한다 말했습니다

사람은 어떻고
개는 어떻길래
그렇게 깊은 고뇌苦惱의 구토물을 토해 냈을까

그때 그 구토물을 맛본 사람들은
지금도 그 메뉴 즐겨 찾아
특별 메뉴로 공감하고 잘 팔린다지요

천안함 소식 듣고 나니
나는 갑자기 시장기 들어
그 특별 메뉴가 반사적으로 땡깁니다

지금도
내 영혼은 정말
허리 접히도록 배고픕니다
꼬르륵꼬르륵 연거푸 소리가 납니다.

참새 가족

가슴이 땅콩알만 한
노랑 털 갓 면한 애기 참새 가족이
엄마 따라 월드컵경기장 CGV 극장에
영화 보러 왔나 봅니다

'밀양' 영화는 유년 입장 불가라 들어가지 못하고
GS편의점 앞에서 고소미 조각이나 무슨 비스킷 부스러기
쪼아먹고 있습니다. 저도 21세기 문명을 즐기는지
걸음인지 춤인지 탕탕탕 고무공 튀고 있었습니다

배탈이나 나지 말아야지 임마
자연에서 보면 문명은 늘 낯선 질주란다
문명 속의 자연도 늘상 낯설어 뵈지만
즐기며 부대끼며 서로는 환경 문명에 늘 맞서나
공진화共進化로 살아가는 거란다
나 혼자 참새들에게 멘토의 시선을 보냈습니다

삶이란
즐겁다 생각했어도 모두 즐거운 것만도 아니고
괴롭다 생각해도 모두 괴로운 것만은 아니지
햇살도 이 가족들 눈여겨 보아주는 듯합니다

잔잔한 바람이 보드라운 깃털을 들썩입니다.

큰 숨

9·11 뉴욕 참사나
4·16 버지니아텍 참사에서
사람이나 짐승이나
숨은 꼭 코, 허파로만 쉬는 것이 아닌 것 같다
숨은 죽음 직전까지의 호흡인데
그렇게 하지 않으면 죽지도 살지도 못할
죽으면 못 쉴 숨, 살아서 꼭 쉬고자 하는
그런 숨이 있는가 보다

무지 속 시원한 큰 숨인가 보다
지금 죽어도 좋을
그래서 기쁘게 죽는 숨.

아시아의 하늘 밑

060705
얼핏 하늘을 올려다보아서는
별다른 구름 무늬는 없었다
유럽의 하늘 밑은 월드컵 축구공을 쏘아대고
아시아의 하늘 밑은 공포의 로켓포를 쏘아댔다

유럽은 유니폼을 바꿔 입고 술집으로 가는데
아시아는 죽일 놈 살릴 놈 삿대질이다
사람들의 행동은 그의 철학에서 나오는데
서쪽 하늘은 이데올로기가 가고 실존의 계절인데
동쪽 하늘은 아직도 핏빛 이데올로기의 계절이니

하늘 밑 구름만 보아서는
실존의 계절이 언제 올지는 분간하기 어렵다.

지팡이

길을 나설 때 꼭 챙겨 드는 모자와 지팡이
노인들에게는 못난 자식놈 하나보다
더 친근할 때가 있다 합니다

기대고 의지하고
사물을 가리키고
역정을 풀 때도 지팡이만 한 것도
없다 합니다.

내게도
한평생 지팡이 되어 준 한 사람이 있는데
그 사람 쓰러지면 누가 지팡이 되어
허리 펴고 걸으며
역정 받아 줄는지

일찌감치
실한 지팡이 하나 사서
두 눈 다 1. 2 시력 박아서 세워 놓을까
음성 인식 기능도 달아 놓으면 사람은
구분해 주겠지.

레츠고 호키스!

빛과 어둠을 어떻게 봐야 하나요
삶과 죽음 또한 어떻게 봐야 하나요
9·11 뉴욕 맨해튼 참사
4·16 버지니아텍 참사들은
번영 위에 나타난 빛과 그림자이기에
기쁨도 슬픔도 모두 증오할 수만 없는 것 같습니다

그것도 진실이니까요
죽음이 거름이 되어 새 생명들은 잘도 자라니까요
호키스 버텍을 외친 지오반니 시인 교수도
부시 대통령도 가족을 위로했습니다
"오늘은 슬픔 위에 울고 있지만
또다시 웃어야 합니다."라고

지금 우리들도 함께 명복을 빕니다
저마다 들고 섰는 촛불이 나의 가슴에까지
옮겨 붙습니다
죽음이 삶을 삶이 죽음을
더 이상 희롱하지 말아야 합니다
레츠고 호키스!*

*Let's go Hokies! 호키스Hokies는 버지니아공대 마스코트.

흰 고양이 울음

흰 고양이 한 마리
가출한 차림새
담장 위에서 노장老壯 사색思索에
빠져 있었다

언제부터 그놈
내 가슴에 들어와 살았노
지하철 옆 손님 사기 친 휴대전화 소리 듣고
야옹야옹 솜털이 일어섰다가
TV 김정일 미사일 일곱 방 소식 듣다가
내 가슴이 헉
고양이 놀라 심장으로 뛰어내렸나
다시 이빨 까고는
야옹야옹
콧수염이 직선으로 뻗쳤다.

황제펭귄 Emperor Penguin

누가 너희들을 보고
황제펭귄이라 이름 불러 줬느냐
그만한 자격 있어 뵌다

존재 세계에서
독창적 생존 방법이
환경 극복의 초인적 인내력이
자기다워서 주어진 이름이어라

인간 사회의 황제들은
신하도 죽이고 백성도 죽이고 적들도 죽이고
빼앗고 겁박하고 속이고
돈으로 사고 팔고 온갖 짓 다 하지

그래서 너희들이
진짜 황제다운 황제펭귄이어라.

김밥 천은

천은-
천은-
잃어버린 고아의 이름을
애타게 부르고 있다

지식 정보 혁명의 거리
변화의 바람 속도 거센 거리
신발은 이리 저리 뒹굴고
엄마들의 영혼은 깡통처럼 요란하다

천은- 천은- 김밥 한 줄 천은-
서울메트로 3호선 2호선 연결 통로
창자 속에서 우는 천은-.

면도面刀질

나는
아침마다 습관적으로
너의 목을 쳐서 물에 푼다
그것도 잘 드는 쌍칼 날로

폭군처럼
두 번 세 번
확인 사살로 처형處刑을 마친다
칼을 물에 씻는다
시치미를 뗀다

원수怨讐 아닌 순한 민초民草를
욕망도 아닌 체면 땜에 잔인하게 칼을 드는
남성들의 습관 행동을 뒤늦게 무안해한다
아랑곳도 하지 않고 받아 주는 너를
징그러워할 때도 있었지

나의 자유가 다하는 그날과
너의 자유가 시작되는 그날과
우리는 자유를 공유하며 살 수는 없을까.

선인장

삭막한 사막 위에서
얼마나 목말라 울부짖었으면
울대가 변하여 물보자기가 되었나
잎일랑 차라리 호신을 창으로나 만들어 쓰는
네 선택이 네 생존의 제일법칙임을 알겠노라
그래도 장한 것은
목구멍 아래 끈끈한 침 으깨어
찔긴 목숨을 정열로 지피어
태양보다 더 붉은 꽃을 피우는 오기는
정말 가상타 아니할 수 없구만
네 목숨의 불꽃에 모두는 침묵으로 응원한다.

퍼스널 타임

바람 찬
십이월 산자락에
진달래 한 송이 저 혼자 피었네

아마도 지식 정보화 시대에
퍼스널 타임을 즐기는 것이리라
아니면 흰 두루막 삿갓 선비 맞으려
저 혼자 피었나

누가 뭐래도
제 삶을 제가 선택하는 용기
암 그럴 만도 하지

바람이 차구나
가슴이 아리다
힘내라 십이월 진달래꽃아.

갈대들의 포옹

십이월 찬바람에
양재천 갈대들은 제각기 서서 울고 있다
서로들 어색한 포옹이
체온을 덥히지는 못하고 맨몸으로 서걱인다

머리는 폼 나게 패션 고깔 썼지만
가슴을 포갤 줄 모르는 자존심은 빌딩처럼 외롭다

바람은 애써 등 떠밀어 겹치도록
쓸어 바람 일으켜 보지만 번번이 헛수고
눈이 내리면 생각에 잠기는 듯 지적 자태는 우수하지만
언제나 빳빳한 목 때문에 휴머니티가 부족하다

이럴 때는 억새가 친근하고
조금 현명해 보인다.

돈의 철학

돈아
돈, 돈, 도운
너의 이름 불러보면
'도道가 운다' 로
아니면 돌아 버렸다는 상태로……

왜 우는지 왜 돌아 버렸는지는 몰라도
납작 엎드린 너는
앞면은 자유의 종소리 울리고
뒷면은 노예의 신음 소리 울린다
넘어지면 운명처럼 선택 없는 외길

돈, 돈, 도운
땅 위에서만은 절대적 힘이지만
과일처럼 구슬처럼 둥글어
낮은 곳으로 굴러야 한다는 도道의 울음

그러지 못할 때는
돌아 버리겠다는 심정
그래서
도운이요 돈이냐.

빛 고운 생명의 누리에서
또 다른 나의 가슴에 울려 퍼지는 파문
누구를 위하여 우는 모음 선율입니까

5

북한산 산비둘기

북한산 산비둘기

노을이 물든다
옹기종기 북한산 산비둘기
공해 대책 회의한다

하늘 색깔이 검붉고 속이 메스꺼우면
높은 산 위로 올라가야 해
아스팔트 위 팝콘은 먹지 마라
암으로 죽게 된다
서울 사람들은
먹는 물에 똥오줌, 독약 섞어 마신단다
개소리 해도 모른 척하고
모르는 사람 따르지 마라, 유괴당한다
저들이 만든 노을의
핏빛 같은 스모그 무섭지 않니

작은 비둘기들은
참 이해가 안 된다는 눈치로
고개 갸우뚱거리며
어미의 다음 얘기를 청하고 있다.

북한산의 어느 하루

가랑이 큰 상수리나무
만도 넘는 가지에 새 손을 펴서
2000년 4월 21일
중랑천 잉어 떼 보듬듯
북한산 삼천리골에 날 뉘어 놓고
허준 선생 혜민서 일 보듯 한다

숨은 고르게 쉬는지
맥박도 고른지
팔뚝을 들어 서울 생활 건강을 진맥한다

광화문 아황산가스 전광판은
수없이 지나는 차들에
며칠이면 신경이 마비되는지
일본 놈들이 하던 생체 실험을 하고 있다

빛으로 들어선 거리 광화문
은행나무들은 황달이 난 노랑 눈으로
빌딩의 수를 세다가 헷갈리는지
신경질이다
경복궁 나무들은
근엄한 조선의 임금님 헛웃음을

하루종일 대신 웃고 있다

키 큰 나무는 키 작은 나무들을 데리고
충무로로 청계천으로 을지로로
끼니도 거른 채 삼천리 계곡 드나드는데
12시가 지난 한낮
천도 넘는 사람이 내 옆에 누워 있다.

애기똥풀들의 항변

양재천 개울 건너 갈대숲 바라보고
벤치에 기대 잠깐 앉았더니
이때다 싶었던지
고마리풀 애기똥풀들이 몰려와서
서울시장님께 편지를 써 달라고 떼를 쓴다

우리들은
숨을 쉬면 기침 기침 고래 기침
밤마다 모로 누워 새우잠 자며 울고
검붉은 스모그 황혼 빛에 가슴이 썩어 내린다고

시냇물 한 모금 마시면
구역질 헛구역질 헛소리까지
하늘이 빙빙 땅이 기우뚱
이제는 사람도 보이지 않아
18 18 서울 18번지

그대들은 잊으셨는가
풋것 민초들의 초록 피 맛이
님들의 걸쭉한 피 맑게 하는 원천 생명수임을……

바람은 바빠 나 대신

개울 잔물결 키보드를 치며
한마디도 빼지 않고 어린 항변을
어디론가 전송하고 있다.

서울 황혼은

여름밤
서울 하늘 서녘 황혼은
욕심쟁이 늙은이 끈적이는 핏빛이다
숨도 가쁘게 달려 왔는데
무거운 스모그 라인은
왜 저리 뱃살처럼 축 처졌는가
철밥통들의 노년 뱃살로.

눈사람

심원
저기 저 놀이터 옆 눈사람이
밤새도록 가로등 불빛 아래 혼자서 지냈나 봅니다
머리 무릎 발 몸통이 언 채로
검은 시간에서 하얀 시간을 지켰나 봅니다

심원
한때는 정열에 불탔던 입 눈 코
지금은 침묵하는 숯덩이로 있습니다
지나는 사람 사람들이
더러는 귀엽다 덕담도 하지만
매서운 눈매는 저보다 더 차가운 가슴 가진 우리들 바라
봅니다

심원
더 큰 것이어야 한다고
더 많은 것이어야 한다고
더 좋은 것이어야 한다고
그래야 직성이 풀린다고
앞과 옆, 뒤를 돌아보지 못하고 달리는 잘난 사람들을
하얀 시간 동안 하얀 마음으로 바라보고 있습니다.

자화상

햇살이 비치고 바람이 불면
나는 숭숭 바람이 지나가는
오척 반 살 빠진 수세미 자루
주루룩 물을 부으면 9할 9푼이 빠져 나간다
햇살과 물의 감성이
내 영혼에 감지되었다가
시심으로 솟곤 하지만
나머지 1푼의 물은
간신히 맑은 피 되었다가
진실과 사랑으로
그릇 닦는 설거지 손길 되고
철이 덜 들어 아직도 젖이 그리운 아이
모로 누워 새우잠 자며
꿈속에 엄마의 빈 젖꼭지 물고 잔다.

회상

젊은 날 어느 날
눈이 오던 날

나무들도 산새들도
눈을 맞던 날

손잡고 걸음 맞춰
눈길 걷던 날

솔밭 길 약수터 길
후미진 외길

첫사랑 길 첫눈 길
새하얀 발길

말없이 소리 없이
꿈속 같은 길.

용서容恕

죽기보다 싫은 사랑
그 사랑을 해야 하나

죽어 땅속까지 가져가
송장 뼛속 깊이 감추고픈 복수의 칼

그런데 스스로 앙가슴 찢어
생피로 불을 질러 칼을 녹여야 하나

눈물 솥을 끓여 끓여
눈비로 내려야 하나

춘삼월 밭고랑서
새싹 움터 꽃필 때

벌 나비 노는 모습 보고
한숨이나 바람이나
쐬야 할까나.

겨울 산

할멈이 없는
홀아비

바람이 불면
흰머리 허허롭다

구름 아래 해 저무는 세상
백설 속에 비춰 보고

운근雲根에 앉아
노송의 나이를 묻는다

햇빛이 들면
기세 더욱 요요해

묵묵히 빈손 털며
일어서는 겨울 산.

칠석七夕

잿빛 석양
수직 마른 바람결에
직녀의 목욕 물소리 들린다

어둠이 깔리자
별들은 연신 낄낄대며
물새 걸음으로 모여들고
만인지 억인지
까치 소리 은하에 자욱하다

오작교 밑
부흥도 만발하였지만
견우가 타고 갈 백마는 준비되었는지

시절 잃은 산촌
도라지꽃 피었으나 향기도 없고
백 가지 음식 만들 아낙들은
복부인 되어 다방에 모였으니
해물파전 한 젓가락 맛볼 수 없노매라

성제를 올릴 아가씨들
모두 캠핑 갔다 늦게 돌아오니

텅 빈 마을 옥수수 꺾던 할머니만
견우가 잘 도착했는지 궁금해하는 낯빛이다.

연화蓮花

천년 빛살이 한때 침묵으로 살아나
물안개 너울 속에 면면히
숨 쉬는 연분홍 가슴이여

석양이 내리면 거리에 나와
구도의 손을 모으고
밤이면 이승과 같이 슬피 운 심정을
볼에 내린 아침 이슬이 내게 말한다

열정이 없었던들
삼복더위를 사랑하지 않았으리
애닯다, 명주 비단 풀어 내리는 가야금 산조가락이다

별빛 몰래
하나 둘 꽃잎이 지고
달빛 몰래
하나 둘 꽃이 지는데

고달픈 이승의 넋들이
연못 위에서 고요히 잠기고 있다.

덕수궁 비둘기

사뿐히
붉은 메밀 대 접어 신은
발가락이 간지러운 새여

속죄의 잿빛 승의(僧衣)를 입고
이 땅의 전쟁터를 배회하다가
화염에 짓무른 핏빛 석류알 눈
열망하는 눈망울엔
평화의 아침 종소리 들린다

날으는 날갯짓 푸른 하늘에 있을 때
나는 평화와 자유의 깃발을 보며
하이얀 외로움 탄다.

범종凡鍾 소리

벌새가 몸을 떨 듯
내 영육 진동시켜
나는 너로 하여
너는 나로 하여
울게 하는 의미는 무엇입니까

빛 고운 생명의 누리에서
또 다른 나의 가슴에 울려 퍼지는 파문波紋
누구를 위하여 우는 모음선율母音旋律입니까

그렇게 울어야
그렇게 흔들어야
잠든 구만리 장천長天을 깨워
만상이 한 몸으로
일어서는 것입니까.

반달

하늘에 뜬 저 반달
반으론 날 보고
반으론 또 누굴 보나

북녘 땅 배곯아 우는 아낙들
탈북 물길 안내하다가

달동네 반지하 생각나서
홀연히 맨 얼굴로
옆 돌아보나.

오봉산에 올라

오봉산五峰山 푸른 그늘에
백발이 쉬어 가고
노송 높은 대臺에 청춘이 쉬어 간다

청파에 띄운 편주 유유할 때
청천에 뜬 백운白雲 외롭게 흐르네

내 오늘 걷는 산길
사슴도 지나던 길
한 걸음 또 한 걸음
산길 오를 때

오봉산五峰山
청평사淸平寺
영지靈池
회전문廻轉門

호문 열어젖힌 소양호 바라보니
석양의 물빛도 푸른 외로움.

황룡 등천하옵소서
 －고 박길연 한토피아 총재 귀천에 부쳐

청룡은 비바람 구름 타고 천둥소리로 등천하지만
황룡은 중양절 푸른 하늘 서기 타고 등천하시나
요 며칠은
가슴이 시리고 서럽도록 하늘이 푸르고 높아
좋은 날이다 참 좋은 날이다 연거푸 말하였더니
황룡 등천 때였나 보오

제비 돌아간다는 날
제비들은 갈라치면 지지배배 지지배배
인사도 사랑도 땜을 하고 떠나지만
황룡은
등천의 때를 보고 분초를 다투었나
소리 없이 인사 없이 바람처럼 가시니
우리들 가슴이 아쉽고 아쉬워서
뜨거운 눈물 바다로다

왜
왜 바람처럼 가시어
우리들 누리를 눈물의 거리로 만들게 하시나
푸른 하늘 아래
가슴이 푸르러 가을을 타는 사람들도
바람 따라 무작정 길을 떠나는데

그렇게 바람 따라 가을 따라 아주 먼
하늘 가셨나이까
뒤돌아보며
애타게 부르는 낙엽 구르는 소리 같은
우리들의 소리는 듣지도 못하셨나이까

뒤돌아보면
60여 년의 세월이 봄눈과 같아라
무지개 꿈으로 가슴이 뜨거워
청년학도 시절부터 조국과 하느님의
부름을 받아
이 강산 저 골짝
이 바다 저 대륙 건너뛰고 다니면서
자유여 사랑이여 하늘나라여!
사자후 외치시던 거인

옥석을 가리고 가려서
조국 강산과 하늘 이념의 석원石園을
꾸며 놓고 인류 평화의 대업을 기원하시던
한토피아韓Topia의 구상
이제 그 거룩한 뜻
메아리로 가을 범종 소리로 숙연히 우리 가슴에 울립니다

그 이념 씨앗이 되어 많은 열매 열어지리이다

인생아, 너는
화려한 무지개 꿈 봄눈 같아라
그 찰나에 꿈 펼치기란
아! 너무도 아쉽고 짧은 시간이어라

나누고 베풀고 사랑하고 감사하고
한 하늘 아래 한 어버이 자식들은
높고 낮음이 없어라
다만 사랑으로 존재할 따름이니라

황룡은 날아오른다
푸른 하늘 저 멀리로

부디 원컨대 하실 수만 있다면
남북통일 꿈, 이뤄지게 도우시고
삼천리 반도 넘어
때를 굶은 인류의 민초들 푸른 가슴에
멍든 상처까지 쓸어가셨으면 하오이다

아!

오늘 임 보내는 우리들 가슴
아쉬워 눈물겹지만
등천 축하의 마음 모은 우리들의 뜻
귀히 여기소서
우리 다시 만나서
하늘 복판에서 사랑의 중심 누리에서.

                          2005년 10월 13일
                          친우 심원 조봉제 올림

작품 해설

자연과 시의 신성神性을 찾아서

작품 해설

자연과 시의 신성神性을 찾아서
— 조봉제趙奉濟 시인의 시 세계

문학평론가·시인 조남익

1. 심원心園이 심원을 부른다

조봉제 시인의 시는 주로 자연을 대상으로 한 내용이 상당히 많은 편이다. 그의 고향이 경남 함안이고, 경상대 농대를 나온 성장 과정과 무관하지 않을 것이다.

시에서 자연이란 어떤 것이었던가? 모더니즘에 이르러 외면된 면이 있지만, 자연은 여전히 전통적인 명제였고, 시는 자연의 모방이라는 시론도 익혀온 바와 같다. 그러나 같은 자연이라 해도 자연과 초자연으로 나누어볼 때, 그 영역은 많이 다르게 된다.

일반적인 자연은 우리의 감각에 따라 인지되고 지각되는 실재의 영역이고, 초자연은 신들의 영역으로 신성·영성·영생의 가치가 들어서며, 도덕적 미학적 관점이 제기된다. 조봉제 시인은 지금까지 자연에서 소요했지만, 초자연의 세계로 지향하고 있다.

조봉제의 아호는 심원心園이다. 이 '마음의 동산'은 '자연의 동산' 이기도 했다. 아호를 시적 화자의 대상을 호칭하는 대명사로 활용한 여러 시편들을 선보인다. 그 실례를 보기로 한다.

심원
양재천 물길 따라 갈대숲 길 걷다가
바람이 살랑살랑 꼬리 치면
나는 바람과 갈대숲에서 종종 섹스를 합니다

심원
잉태 소식이 있으면 더욱 고독해져
물가에 앉아 잉어 춤 살피다가
물소리 조산원에서 바람 닮은
바람 시를 낳기도 합니다

심원
자녀들은 제 부모 닮아
바람과 갈대 이미지
인물이 뭐 인물이라 할 수 있어야지
울음도 바람 소리 웃음도 바람 소리

심원
어느 날은 어미 따라가라고
바람 부는 강둑에 홀로 두기도 했는데
바람 맞아 시익 웃는 모습만은
정말 사랑스럽기도 해서
철없는 그를 그냥 버릴 수 없었습니다.

〈바람의 자녀들〉 전문

조봉제 시인은 자연의 외적 묘사보다는 자연의 내면에 숨겨진 이미지의 탐구로서 재구성한 '자연의 시'에 골몰한다. 위의 〈바람의 자녀들〉 역시 미학적으로 해석하고 재구성한 내적 공간이다.

'바람과의 섹스' 1연, '바람 시 탄생' 2연, '부모 닮은 바람소리' 3연, '철없는 바람 모습' 4연에서 보듯이 직관에 의한 상상력의 소산이다. 바람이 섹스의 상대이기도 하고, 내 '시'이기도 하며, '자녀들'이기도 한 것이다. 비현실적이고 불가시적이지만 상상에서는 가능한 세계인 것이다. 그러나 시의 미적 쾌감은 공상의 세계에서 그 기능을 더하게 된다.

제3시집 《하얀 시간》의 '축하의 말-시인 안아무'에 보면 "그는 바람과 친숙해서 바람이 불면 가만히 앉아 있지 못하고, 머리카락 휘날리며 휘젓고 다닌다. 한마디로 '바람신'이 들린 '조용한 바람 사람'이다." 라고 해, 조봉제 시인이 얼마나 바람을 좋아하는가를 전한다. 아닌 게 아니라 그의 시에는 '바람'이 많이 나온다.

심원은 심원을 부른다. '당신'이라는 대상을 '심원'이라 부르며, 시의 기미를 잡는다. 시의 한 수법으로 활용한다. 그런가 하면 〈호수의 밤〉에서는 시의 주제를 포괄하기도 한다.

심원心園
갑시다 일어섭시다
호수가 안내하는 휴식의 나라로
별빛이 잠든 꿈의 침실로
잠든 물새들 깨지 않게

조용히 조용히 걸어갑시다
내일을 향해 손에 손잡고.

〈호수의 밤〉 제4연

　목가적이고 평화 지향적인 주제를 전원에서 구하고 있는 대표적인 시라고 할 것이다.
　제3시집의 제호가 된 〈하얀 시간〉이란 작품은, 절대 자유와 절대 가치의 개념을 색채 감각에서 잡은 표현이다. '시간'이란 본래 감각되지 않는 것인데, '하얀'이란 시각적 이미지를 부여한 것에 이 시의 매력이 있다.

2. 생태 시의 경지

　조봉제 시인이 생태 시에 관심을 갖게 되는 것은 어쩌면 당연한 순서였다고 할 수 있다. 생태 시란 생태 의식을 일깨우고 생태를 보존하려는 의도로 쓰여진 시라고 할 것이다. 생태를 규명하는 시, 고발하는 시, 보존 또는 복원하려는 시, 그리고 생태의 이상을 노래하는 시 등이 모두 포함된다.
　우리 시단에 생태 문제가 제기되고 생태 환경을 고발한 시가 본격적으로 나타난 것은 대체로 80년대 후반부터로 본다. 대표적인 시인들로는 이형기, 정현종, 문정희 등이며, 특히 이형기는 한 권의 시집 《죽지 않는 도시》고려원, 1994를 낸 바 있다.
　본격적인 생태 시 이전에는 수많은 자연 예찬의 시가 우리 시사를 장식했다고 할 수 있다. 세칭 청록파의 시는 새로운 자연을 통한 생명의 리듬과 생명의 고향을 추구한다. 동서고금을 통해서 자연의 생명과 이상을 노래한 시는 여전히 시의 아낌없는 주제였다.

가랑이 큰 상수리나무
만도 넘는 가지에 새 손을 펴서
2000년 4월 21일
중랑천 잉어 떼 보듬듯
북한산 삼천리골에 날 뉘어 놓고
허준 선생 혜민서 일 보듯 한다

숨은 고르게 쉬는지
맥박도 고른지
팔뚝을 들어 서울 생활 건강을 진맥한다

광화문 아황산가스 전광판은
수없이 지나는 차들에
며칠이면 신경이 마비되는지
일본 놈들이 하던 생체 실험을 하고 있다

빛으로 들어선 거리 광화문
은행나무들은 황달이 난 노랑 눈으로
빌딩의 수를 세다가 헷갈리는지
신경질이다
경복궁 나무들은

근엄한 조선의 임금님 헛웃음을
하루종일 대신 웃고 있다

키 큰 나무는 키 작은 나무들을 데리고
충무로로 청계천으로 을지로로
끼니도 거른 채 삼천리 계곡 드나드는데
12시가 지난 한낮
천도 넘는 사람이 내 옆에 누워 있다.

〈북한산의 어느 하루〉 전문

〈북한산의 어느 하루〉는 자연 훼손이나, 환경 파괴, 환경 오염 등에 대한 문제의식을 드러낸다. 북한산은 서울 북방의 근교에서 최고봉의 엄연한 위용을 갖추고 있는 삼각산이다. 여기의 북한산은 훼손되지 아니한 자연의 보고인 것이다.

북한산에서 작중 화자인 '나'는 상수리나무 밑에 누워 서울의 생태 건강을 진단한다. 이러한 시적 픽션은 거시적인 문제 제기에 효과적일 수 있을 것이다. 결구 '12시가 지난 한낮 / 천도 넘는 사람이 내 옆에 누워 있다.'에서는 운치 있는 공감도를 확산한다고 할 것이다.

생태 시에는 생태의 이상을 노래한 일부의 자연 시가 높은 자연 관조의 형태로 시적 성취도를 보인다. 이성선은 그 대표적인 한 시인일 것이다. 강원도의 자연과 인간이 하나 되는 그의 신념은 우주적인 질서 안에서 생태학의 원리가 추구하는 이상이기도 했다.

〈북한산 산비둘기〉에서는 산비둘기들의 '공해 대책 회의'가 나온다.

    노을이 물든다
    옹기종기 북한산 산비둘기
    공해 대책 회의한다
    하늘 색깔이 검붉고 속이 메스꺼우면
    높은 산 위로 올라가야 해
    아스팔트 위 팝콘은 먹지 마라
    암으로 죽게 된다
    서울 사람들은
    먹는 물에 똥오줌, 독약 섞어 마신단다
    개소리 해도 모른 척하고
    모르는 사람 따르지 마라, 유괴당한다
    저들이 만든 노을의
    핏빛 같은 스모그 무섭지 않니

    작은 비둘기들은
    참 이해가 안 된다는 눈치로
    고개 갸우뚱거리며
    어미의 다음 얘기를 청하고 있다.

                            〈북한산 산비둘기〉 전문

〈북한산 산비둘기〉는 서울의 심각한 환경 오염을 고발한다. '산비둘기의 대책 회의'로 되어 있지만, 우리 인간세계와 직접적으로 연결될 수 있는 경고성 내용이다. 사람과 함께 사는 '도시의 비둘기'가 흔하게 많은 현실이기에 뜻이 있을 것이다.

우리 시단에서 생태 환경을 고발한 시는 새로운 영역이긴 하지만, 아직 그 문학성이 뚜렷하다고는 할 수 없을 것이다. 하지만 그 존재 자체로 충분히 뜻이 있는 것이라고 하겠다.

3. 미학적 가치관과 문학성

오늘날 한국 시를 들여다보면 혼란스럽고 황폐한 느낌을 주는 바가 없지 않을 것이다. 그러나 문화의 중심이요 예술의 핵으로서 시가 지닌 생명적 요소가 퇴색했다고 할 수는 없을 것이다.

이 시대의 어둠과 질곡을 넘어가는 길목에서 서정시의 문학성은 매우 약하고 위태로운 존재이긴 하지만, 창조 정신을 일깨우며 여전히 유혹과 매력의 불꽃을 반짝인다.

초봄에 돋는 풀잎 하나 잎새 하나
옹달샘에 솟는 물 한 모금
흙, 바람, 햇빛으로 빚은 한 톨 곡식들
모두가 순한 목숨들입니다

이들의 복은 풍우風雨가 알 뿐
신우대 솟아 울을 둘러 주면
열린 쪽이 사립문입니다

들찔레 새순처럼 연한 목숨이라도
눈비 이겨내는 풋풋한 야성
이성은 순수하여 창공처럼 푸르고
불의의 총칼 앞에서는 들불로 일어설 줄 압니다

눈 감아 보면
조국의 산야
그대들 피 얼룩지지 않는 곳 없지만
두려워하지 않는 것은 맨발 맨주먹의 힘
나의 욕망을 위해서는 절대 일어나지 않았습니다

짓밟히고 뜯겨도
인내하며 의지하며 살아가는
황무지의 후끈한
숨결입니다.

〈민초들의 숨결〉 전문

  우리의 현대사에서 '민중' 또는 '민초'에 대한 관심은 높았고, 지금도 계속된다고 할 것이다. 80년대 신군부의 쿠데타, 광주민주화운동 등 32년간이나 이어진 군사정권과 군사 문화의 위풍 앞에서 정치적 변혁을 열망하던 시대를 업고 민중 시, 민중문학은 그 반역의 싹이 텄다. 그러나 민중 시, 문중문학은 한 시대의 문제의식 또는 실험성은 높았어도 작품 성과의 논의는 별개로 남아있다.
  조봉제 시인의 〈민초들의 숨결〉은 그 취향이나 기법에서

80년대 이 땅의 민중 시와는 다른 차원에서 접근한다. 우선 대상에 대한 주제의식이 정중동靜中動의 관조로 나아가 매우 차분한 진실성이 높음을 들 수 있다. 가령 '순한 목숨들·복·사립문·들불·맨발 맨주먹의 힘·황무지의 후끈한 숨결' 등 주요 어휘만 보아도 '민초들'의 본질에 대한 이미지 연결이 감동적이다. 특별히 꾸미거나 짜 맞춘 것 없이 작품성이 녹아 있음이다. 그러면서 '~입니다' 등의 경어체에 시의 리듬이 한결 부드러운 효과를 준다.

'민초'는 순수한 우리말의 맛을 내는 '백성'이다. '국민'이 정치적 권력의 뜻이 있다면, '백성·민초'는 정치 이전의 산야에 퍼져 자연의 일부가 된 '사람들'의 개념이다. 이러한 원관념이 '한 톨 곡식들, 순한 목숨들' 1연이 되었고, '이들의 복은 풍우風雨가 알 뿐, 열린 쪽이 사립문' 2연 등의 표현을 얻는다.

그렇지만 '풋풋한 야성, 불의의 총칼 앞에서는 들불로' 3연 항쟁의 불길이 타오름을 나타낸다. 예로부터 민족이나 국가의 위기 앞에서 분연히 일어선 것은 무명의 그들이었다. 위기 앞에서의 애국심은 지배층이나 귀족들보다는 오히려 '민초들의 숨결'이 훨씬 강렬했다.

임진왜란 때의 의병 봉기의 주력은 모두 민초들이었다. 일제에 의한 강제합병이 된 후 우리의 민중은 의병 투쟁, 국채보상운동 등을 전개한다. 그러나 문벌 양반은 가문의 안위만 생각했고, 나라가 망하는 순간까지도 민중을 수탈하는 자들이 많았다. '나의 욕망을 위해서는 절대 일어나지 않았습니다' 4연라는 구절은 이들의 정의가 어디서 비롯되고 있는가를 밝힌다.

우리 시단에서 비슷한 주제의 시로는 김수영의 〈풀〉을 들 수 있을 것이다. '풀민초'과 '바람압력'의 대립 구도로 이 시는 반복과 열거의 평이한 수법이다. 그러나 이 시를 민중 시 또는 참여 시로 규정하기에는 상상력이 너무 옹색하다 는 평가가 제기되고 있다.

시의 미학적 가치관은 작품의 문학성과 유기적인 관련이 있다. 서정시는 내면의 심화, 곧 뛰어난 정신을 생명으로 한다. 시의 이러한 진정성이 시의 가치 척도이며 문학성의 조화로운 꽃이 될 수 있다.

초경에 놀란 산처녀
춤추는 떨기 떨기

두근두근 아리는 가슴
바람 등불 달고서

산새에도 부끄러워
볼 붉히고 피었다.

〈진달래꽃〉 전문

이 시는 단형이지만 미학적 가치관과 문학성이 구사된 작품이라고 할 수 있다. 연분홍 진달래꽃이 '초경에 놀란 산처녀'로 은유되었기 때문이다. 시의 역발상逆發想이 가져 온 하나의 '경악'이 있다.

4. 자연과 시의 신성神性

조봉제 시인은 '시인의 말'에서 "원초적 신비의 자연에 의지하고, 자연과 하나가 되어 허용하고자 합니다. 또한 만물의 영장으로서 사랑의 깊이를 더해 신성을 얻어 나가고자 함이 하얀 시간 속을 사는 나의 시심이며 나의 인생"이라고 말한다.

오늘같이 각박한 시대에 '신성神性'은 너무 어려운 말인지도 모른다. '신성'은 신의 성격, 또는 신의 속성에서 비롯된 말이다. 오랜 세월에 걸쳐 많은 사람들이 절대적으로 믿고 있는 마음, 또는 정신을 뜻하는 것이라고 하겠다. 포근하게 의지하고픈 신화神話의 심성을 염두에 두어도 좋을 것이다.

어떤 시인이든 창작을 지향하는 '자기 세계'가 있고, 그것이 독창적이고 작품 성과가 높을수록 작품의 감동과 감화도 깊어지게 된다. 한용운에게는 불타와 조국이 함께 한 '임'이 있었고, 서정주에게는 '시의 영원주의'라는 포기하기 어려운 마력이 있었다. '시의 신성'이란 바로 이런 정신적 작용을 뜻하는 것이라고 하겠다.

조봉제 시인의 '신성'은 '원초적 신비의 자연'에서, 이제는 '시의 신성' 쪽으로 뜻을 더해 간다. 그의 시가 나름의 전율에 떨고 있기 때문이다.

(A)
그젯날 초여름 날은
하늘공원의 억새풀이 청마를 타고

쉬임 없이 산등성을 달리고 있었습니다
콧등에 내뿜던 숨이 흰 구름이 되었나요
천둥으로 호령하여 거센 비바람 내리게 했던
삼족오三足烏 기세 높던 임들이 심신을 단련했나 봐요

오늘은 가을
맨몸으로 버티어 온 초원의 거친 날이 지나서
저마다 억새꽃 승리의 깃발 펄럭이네요
푸른 하늘에 영혼을 달래는가 봐요
흰 갈기 날리는 수만 마리 야생 백마 떼를 보고 있습니다.

〈억새밭에서〉 전문

(B)
바람은 미친 듯이
트인 공간 쪽으로 몰려다닌다
고집 세고 힘 좋은 키 큰 빌딩에 부딪쳐서는
넘어질 듯 휘청거리다가
다시 일어서서 쫓기듯 나는 듯 뛰어다닌다
큰 빗자루의 혀를 빌려서
담배꽁초며 휴지며 가래침까지 쓸어 핥아
후미진 곳으로 모은다

사람의 눈으로는 볼 수 없는
성자의 오른손이 눈 깜박할 사이에
지나간다

봄 햇빛에 유난히 눈이 부신다.

〈그림자의 손길〉 전문

　조봉제 시인은 자기의 시가 지니는 개인의식과 정서적 자족감으로부터 탈출하여, 한 시대의 고민과 진정성, 또는 사물과 자연의 활성적인 해석의 예각이 두드러지고 있다. 시의 눈이 새로 트이고 활발한 사고력이 증진될 때, 어떤 이는 이를 '시의 개안開眼'이라 하였고, 어떤 이는 '시의 시력視力' 운운하는 것을 본다.

　백담사의 만해문학관에서는 한용운의 시집 《님의 침묵》의 시를 가리켜 '시의 득도得道'라고 한 것을 본 바 있다.

　조봉제 시인은 이번 시집이 제4시집으로, 오래전 《용설란》 1963, 《무변》 1964을 낸 바 있으며, 이를 "맨몸으로 가출하면서 모두 바람에 날려 보냈다고 한다." 축하의 말-시인 안 아무는 말이 있다. 이로써 보면 그는 일찍부터 시 창작을 했고, 20세 전후에 시집을 낸 약관의 시인이기도 했다.

　위의 (A), (B) 두 시편은 조 시인의 작품이 '시의 개안'을 향한 시력의 회복에 있음을 말하고 싶다. 다듬어진 그의 작품들은 이미 원숙한 호흡과 기품을 보이고 있기 때문이다. 시의 발상과 시의 표현이 막힌 데 없이 스스로 통제하며 확산의 기능을 하고 있다. 어쩌면 '시의 신성'이 살아 움직이는 형세라고 하겠다.

　(A)의 소재가 된 '하늘공원의 억새풀'은 역동성을 울리며 고구려의 기상을 나타내는 '삼족오'에까지 이른다. '청마' 1연는 '수만 마리 야생 백마 떼' 2연로 이어진다. 산에 들

에 절로 나는 억새들의 줄기찬 생명력이 늠름한 이미지로 빚어진 것이다.

(B)의 시는 '바람'이다. 그것도 대도시의 빌딩 숲의 바람인데, 그것이 뜻밖에도 쓰레기 청소부가 된다. 기존 이미지인 '심술궂은 바람'이 '성자의 오른손'이었고, 그것은 〈그림자의 손길〉이란 제목이 되었다. 시의 변형이 놀라운 것이다. '봄 햇빛에 유난히 눈이 부신다.'는 결구 처리가 관조적이다.

조봉제 시인은 지금까지 미학적 상상력으로 전통 지향적인 시를 썼다. 이제 그의 시심은 새로운 감수성으로 눈 떠 있고, '시의 시력'을 가다듬으며 '시의 신성'으로 접근한다. '시의 신성'은 끊임없는 자기 응답의 세계인 것이다. 그는 앞으로도 계속 이상을 지향하는 가치관과 세상 속으로의 달관을 향하여 정진하는 미래의 시인일 것이다.